동화로 보는 아동긍정심리

승상편

김영주

UUP

동화로 보는 아동 긍정심리(숭상편)

- 2022년 04월 11일 초판 인쇄
- 2022년 04월 18일 초판 발행
- **지은이** 김영주
- **펴낸이** 오연천
- **펴낸곳** **UUP**(울산대학교출판부) 680-749 울산광역시 남구 대학로 93(무거동)
- 전화 (052)259-2488 팩스 (052)277-3011 ▪ **홈페이지** http://uup.ulsan.ac.kr
- **출판등록** 제370-1996-000001호(1996.3.13)
- ₩ 10,000

■

ISBN 979.11.6726.012.3 (73180)

이 책은 **울산대학교의 연구지원금을 받아** 집필되었습니다.

차 례

숭상이란 무엇일까요?

'숭상'은 높여 소중히 여긴다는 뜻입니다. '소중히 여긴다'는 것은 알겠는데 '높여' 소중히 여긴다는 것은 무슨 뜻인지 모르겠다고요?

'높여 소중히 여긴다'는 것은 겸손과 존중의 마음을 가지고 소중히 여긴다는 것을 의미합니다. 예를 들면 동식물을 비롯한 자연에 대한 경외감을 느끼는 것이기도 하며, 자신뿐만 아니라 타인에게도 자연의 질서나 섭리가 있음을 알고 소중하게 여기는 것을 '숭상'이라고 합니다.

과학과 의학이 얼마나 발달했는데 '숭상'이 무슨 의미가 있는지 의문을 가질 수도 있습니다. 이런 생각은 인간이 과학의 발달과 산업의 발달을 통해 자연을 지배하고 통제함으로써 자연을 이용할 수 있다는 인간 중심적 사고방식이라고도 할 수 있습니다.

하지만 그 결과, 자연 생태계가 파괴되어 지구 온난화 현상과 같은 지구의 위기가 닥치게 되었습니다. 인간의 생명을 존중하고 사랑하기보다는 이용하고 정복하는 일이 벌어지고 있습니다.

우리를 둘러싼 자연과 사람들 사이에서 겸손하고 존중하는 마음을 갖고 날마다 경외감을 느낀다면, 그것이 바로 숭상이라고 할 수 있습니다. 숭상은 경외, 존중, 겸손, 감사로 나누어 볼 수 있습니다. 경외, 존중, 겸손, 감사가 하나로 모여 숭상을 이룹니다.

이 책에서는 존중, 경외, 겸손, 감사에 관한 동화를 한 편씩 읽고, 관련된 활동을 해볼 수 있도록 하였습니다. 하나하나 읽고 따라가다 보면 이 책을 읽기 전과 후의 생각이 바뀌었음을 깨닫게 될 것입니다. 꼭 그렇게 되기를 바랍니다.

1. 존중

'존중'이란 있는 그대로 소중히 여기는 것을 말합니다. 그러면 '무엇을' 있는 그대로 소중히 여기는 걸까요? 무엇보다 나 자신을 있는 그대로 소중히 여기는 것입니다. 얼굴이 맘에 안 들거나 키가 더 컸으면 좋겠거나 날씬했으면 좋겠어도 내 몸을 사랑하고 소중히 여기는 것입니다. 좋은 음식을 먹고 운동하고 잘 쉬는 것이 나를 존중하는 것이기도 합니다.

두 번째는, 다른 사람을 있는 그대로 소중히 여기는 것입니다. 친구가, 부모님이, 선생님이, 형제자매가 마음에 들지 않는 점이 있더라도 싫어하지 않고, 바꾸려고 하지 않고, 있는 그대로 존중하는 것입니다.

마지막으로는 동물, 식물, 자연을 존중하는 것입니다. 식물을 키우고, 동물을 돌보고, 자연을 보호하는 것입니다. 쓰레기를 버리지 않고, 전기를 아껴서 자연을 존중할 수 있습니다.

다음의 동화를 읽고 실제로 어떻게 '존중'하는지 더 알아봅시다.

진짜 페인터

할아버지에게서 오랜만에 페인트 냄새가 났다.

"할아버지, 새로 일 맡았어?"

할아버지가 웃으며 고개를 끄덕였다. 할아버지 셔츠가 얼룩덜룩했다. 할아버지가 두 손을 옷에 문질렀다.

"언제 끝나?"

"얼추 다 끝났어. 장사를 시작해야 한다고 서두르잖아. 이번에 돈 벌면 우리 손주 뭐 사줄까?"

"큰 도화지랑 48색 크레파스요!"

내가 손을 번쩍 들며 대답했다.

"그래. 꼭 사줄게. 에구."

할아버지가 계란말이를 집다가 떨어뜨렸다. 할머니가 얼른 계란말이를 집어서 할아버지 숟가락 위에 올려줬다.

"아니, 요즘 왜 자꾸 헛손질해요?"

할머니가 할아버지에게 퉁박을 줬다.

"자꾸 손이 떨려. 늙어서 그런가…."

"젊은 여자가 그거 좀 잘못 칠했다고 땍땍거리고 말이야. 예의가 없어."

"요즘 젊은 사람들이 다 그렇지. 나쁜 사람은 아닌 것 같던데."

깍두기를 집는 할아버지의 손이 바들거렸다.

나는 얼른 할아버지 숟가락에 계란말이를 얹어주었다.

우리 할아버지는 페인터다. 의사는 닥터, 선생님은 티처, 할아버지처럼 페인트칠하는 사람은 페인터가 맞다.

오늘은 재수가 좋은 날이다. 전학 온 예쁜 여자아이랑 짝도 되고, 할아버지가 일감도 얻었다.

게다가 학교 앞에는 내가 좋아하는 떡볶이집이 생길 것 같다. 집에 오다 보니 공사 중이었다. 초록색 천막 지붕 밑에 떡볶이, 어묵, 순대, 튀김을 팔 테이블이 나란히 있었다. 내가 좋아하는 색색깔 슬러시 기계도 보였다. 출입문 옆의 담장은 스케치북처럼 새하얬다.

저녁을 다 먹고, 거실을 지나 내 방으로 갔다. 거실이라 해봤자 이 방에서 저 방으로 들락거리는 좁은 통로지만.

거실 벽에는 그림이 몇 점 걸려있다. 그중에서 해바라기 그림도 있다. 내가 제일 좋아하는 거다. 파란 하늘 밑에서 노란 해바라기들이 나를 보며 활짝 웃고 있는 것 같기 때문이다.

시간표를 보며 학교 갈 준비를 했다. 내일 미술 시간이 기다려진다. 여정이에게 내 실력을 보여 줄 생각을 하니 콧노래가 저절로 흘러나왔다.

"야, 새치기하지 마!"

1교시가 끝났다. 정수가 내 책상 옆에서 애들에게 소리쳤다.

"웹툰에 나오는 이글천사 그려줘."

"난 로봇."

아이들이 스케치북을 들고 줄을 서서 기다리고 있다. 나는 자랑스러운 마음으로 여정이를 돌아보았다.

"너도 뭐 그려줄까?"

"나?"

여정이가 눈을 동그랗게 뜨고 물었다. 눈동자 안의 까만 점이 반짝 빛났다.

"응. 뭐든지 그려줄게."

"이거 그려줄 수 있어?"

잠시 머뭇거리던 여정이가 핸드폰 바탕화면을 보여줬다. 여정이와 아빠가 해바라기 꽃밭에서 활짝 웃는 사진이었다.

"지금은 좀 어려운데? 내일까지 그려다 줄게."

"꼭이다."

수업을 마치고 여정이와 교문을 나섰다. 매일 같이 집에 가는 정수가 뒤에서 내 이름을 불렀다.

나는 돌아보지 않았다.

여정이와 나란히 걷는데 발이 구름 위를 밟는 것 같았다.

"나 저기로 가."

교문 앞을 나서자 여정이가 전봇대 옆 골목을 가리켰다.

나는 따라가고 싶었지만 참았다.

여정이와 헤어져 혼자 가다가 공사 중인 분식집 앞에서 할아버지를 발견했다. 밖에서 보니 집에서보다 더 구부정해 보이고, 주름도 더 깊은 것 같았다.

"어르신, 여기 보세요. 얼룩덜룩 잘 안 칠해졌잖아요."

아줌마가 담 한 쪽을 가리켰다.

"아, 알았어요."

할아버지가 분무기로 그쪽을 향해 페인트를 뿜었다. 때맞춰 불어온 바람 때문에 페인트가 할아버지 얼굴로 튀었다.

"할아버지, 이게 뭐예요? 아, 진짜 아무리 말해도 소용없네!"

아줌마가 할아버지 팔꿈치를 잡고 소리쳤다.

"도대체 이렇게 간단한 거 하나 제대로 못 칠하면서 일은 왜 다니는지!"

"아, 알았어요. 다시 칠할게. 내가 눈도 침침하고, 손도…."

"다시 칠해도 똑같잖아요! 당장 칠만 끝나면 떡볶이집 개업할 건데, 할아버지 때문에 자꾸 미뤄지잖아요!"

아줌마 목소리가 점점 커졌다. 그 말에 할아버지가 허둥지둥 담에 붙어서서 붓을 들었다.

할아버지의 굽은 등을 보니 목이 꽉 막히는 것 같았다. 차마 할아버지에게로 발이 떨어지지 않았다.

나는 다시 학교로 갔다. 주먹을 꽉 쥐고 운동장 그네에 한참 앉아 있었다.

자꾸 할아버지에게 소리치던 아줌마 얼굴이 생각났다. 내가 속상하고 화난 만큼 아줌마가 괴롭고 힘들게 되길 바랐다. 꼭 그렇게 해주고 싶었다.

집으로 돌아와 현관문을 여는데 할머니의 화난 목소리가 들렸다.

"그놈의 여편네."

"욕하지 마. 다 내 잘못이야. 나도 늙어서 그런지 손이 자꾸 떨리고 옛날 같지 않아."

욕실에서 씻고 나오는 할아버지 목소리에 힘이 없다.

"그래도 그렇지. 돈을 제때 안 줘?"

할머니 말에 나도 힘이 쭉 빠졌다.

"무슨 일이에요?"

내가 할머니에게 물었다.

씻고 나와도 할아버지한테서 여전히 페인트 냄새가 났다.

"담장 칠이 맘에 안 든대. 얼룩덜룩하다고."

"할아버지가 페인트칠을 얼마나 잘하는데 그런 소릴 해요?"

나는 부러 더 큰 소리로 말했다.

"걱정하지 마세요. 돈을 안 주기만 해봐요. 내가 가만히 안 있을 거예요."

"내가 우리 민수 덕에 웃으며 산다."

할아버지와 할머니가 활짝 웃었다. 할아버지 목에는 아직 하얀색 페인트가 점점이 남아있다.

할아버지 할머니와 저녁을 먹고 방에 들어와 스케치북을 폈다. 여정이에게서 다운받은 사진을 열고, 여정이 아빠의 얼굴을 그렸다. 눈썹과 눈썹 사이가 잘 그려지지 않아서 몇 번이고 다시 그렸다.

그림을 그리는데 떡볶이집 아줌마가 할아버지에게 하던 말이 자꾸 귀에 맴돌았다.

'복수를 어떻게 한다?'

그림을 다 그린 후, 나는 주먹을 꽉 쥐고 생각했다. 방을 나와서 마당에 있던 할아버지 페인트 통 하나와 붓을 가지고 집을 나섰다.

분식집 벽 앞에 섰다. 골목 입구 가로등이 환했다. 할아버지가 쓰는 페인트 붓이라 내 손에 크고 무거웠다. 팔에 힘을 팍 주고 페인트를 잔뜩 묻혔다. 붓끝을 담에 살짝 댔다. 노란 물감이 하얀 담벼락에 묻었다. 나는 팔을 빙글 돌려 동그라미를 그렸다.

첨엔 겁이 났는데 일단 그리기 시작하자 신이 났다. 내 손이 붓을 당기는 건지 붓이 나를 당기는 건지 모르게 이리저리 붓을 움직였다. 생각나는 대로, 마음 가는 대로 담벼락에 붓질을 했다.

큰길 쪽에서 발소리가 났다. 나는 페인트 통이랑 붓을 챙겨서 얼른 도망쳤다.

집에 돌아오니 할머니랑 할아버지는 일찍 잠들었는

지 조용했다. 나는 살금살금 방으로 갔다. 자려고 누우니 기분이 이상했다. 복수해서 기분이 좋기도 한데, 그렇다고 잘한 것 같지는 않았다. 나는 양팔로 가슴을 꼭 껴안고 잠이 들었다.

다음 날 아침, 그림을 챙겨서 학교로 갔다.

"자, 어때?"

여정이에게 내가 그린 그림을 쑥 내밀었다.

"와, 잘 그렸다. 웃는 얼굴이 딱 우리 아빠야!"

여정이가 그림을 한참 들여다보다가 품에 안았다. 여정이가 마치 나를 끌어안는 것 같아 심장이 뛰었다.

"엄마가 분식집을 하려고 하는데 자꾸 시간만 가. 좀 싸다고 어떤 할아버지에게 페인트칠을 맡겼어. 근데 엉망으로 해 놓아서 엄마가 속상해했어."

나는 그 사람이 우리 할아버지는 아니길 바라며 고개를 흔들었다.

"엄마가 걱정돼서 새벽에 나갔다 왔는데 누가 벽에 낙서해 놓고 갔더래. 그린 걸 보니 애들이 그런 것 같대. 그거 다시 칠하려면 돈이 더 들게 생겼대."

"누가 그랬지?"

나는 떨리는 목소리로 물었다.

"몰라. 엄마가 오늘 경찰서에 가서 CCTV 확인한대. 잡으면 가만 안 둘 거래."

'CCTV!'

그 생각을 못 했다! 갑자기 누가 심장을 꽉 움켜쥐는 것 같았다.

"엄마가 첨엔 벽화를 그리고 싶어 했어. 돈 아낀다고 하얗게 칠만하기로 한 건데…. 사고로 아빠 돌아가시고, 이사하고, 전학하고. 다 엉망이 되어버렸어."

여정이가 고개를 푹 숙였다.

그 순간부터 내 머릿속에서 벌이 윙윙대며 헤집고 다녔다. 수업시간에 선생님 말이 하나도 안 들렸다.

정수랑 여정이가 뒤에서 부르는데도 뒤돌아보지 않고 집으로 갔다.

"민수야! 저녁 먹자!"

할머니가 불렀다.

밥상에 아욱국에 불고기가 올라왔다.

"가게 담벼락에 누가 낙서해 놓은 게 우리 탓이야? 아주 쌤통이다!"

"그만해. 젊은 여자가 살려고 애쓰는데…."

"맘 약한 소리 하지 마. 당신이나 민수 애비나 그림만 그리더니 지금 뭐 남는 거 있어? 그나마 내가 딱 돈주머니 차고, 당신 페인트칠하게 시켰으니 이나마 밥 먹고 사는 거지. 민수야, 너는 그림 그리고 살 생각 절대 하지 마라."

할머니가 된장찌개에 숟가락을 팍 꽂았다.

"당신이 우악스레 덤벼서 돈을 받았으니 됐어. 민수야, 너 그거 뭐라고 했지? 48색? 이제 그 크레파스 사줄게."

"나 아니면 떼먹혔어. 당신이 그렇게 맘이 약해서 페인 돈으로 건물을 샀겠다. 그 여자도 보통내기가 아니던데, 낙서한 사람 누군지 잡히면 큰일이다. 아주 볼만하겠어!"

할머니가 깍두기를 오도독오도독 씹었다.

할머니 말에 국에 있는 아욱처럼 마음이 축 늘어졌다.

나는 국그릇에 숟가락을 담그고 한참 있었다.

"그거 내가 한 거야. 낙서 내가 했어. 할아버지 구박해서 복수하려고."

할머니가 오도독거리던 소리를 딱 멈췄다.

"어쩌자고 그런 짓을 해! 누가 너한테 복수해 달래? 왜 시키지도 않은 짓을…."

여간해서 화를 내지 않는 할아버지가 나를 꾸짖었다.

"알고 보니 내 짝꿍 여정이 엄마였어. 여정이 아빠 얼굴 그려주고 이제 막 친해지려던 참인데. 더군다나 CCTV에 걸렸으면 어떻게 해! 경찰서에 끌려갈지도 몰라."

나는 눈물이 나려고 했다.

할머니가 말없이 상을 치우는 동안, 나는 할아버지와 텔레비전 앞에 앉았다. 텔레비전은 혼자 떠들고, 할아버지와 나는 말없이 창밖을 보았다.

"민수야, 나가자."

할아버지가 일어났다. 마당에서 할아버지가 페인트 통 몇 개와 붓을 챙겼다.

"내가 다시는 그림을 안 그리려고 했는데…."

나는 할아버지를 따라나섰다.

할아버지가 학교 앞 여정이네 분식집 담벼락에 섰다.

할아버지가 노란색 동그라미가 그려진 벽을 한참 바라봤다. 마침내 할아버지가 붓을 들었다. 그 순간만은 할아버지 손이 떨리지 않았다.

할아버지는 동그라미 안을 갈색으로 채웠다. 노란색 사이사이 파란 하늘색을 칠했다. 하얗게 남아있던 부분은 흰 구름이 되었다. 나는 거실에 걸린 그림을 누가 그렸는지 깨달았다.

"이제 네가 그려볼래?"

할아버지가 윗몸을 뒤로 젖히고 해바라기밭을 한참 보다가 말했다.

나는 문 옆 빈자리에 여정이 아빠 얼굴을 그렸다. 마치 여정이네 분식집에 같이 있는 것처럼. 활짝 웃는 얼굴로.

이 정도면 여정이 엄마도 나를 용서해 줄 것 같았다.

동화의 주인공 민수는 할아버지를 함부로 대하는 여정이 엄마가 미워서 담벼락에 낙서를 합니다. 하지만 여정이네 사정을 알고는 이내 후회합니다.

동화에서 민수는 서로의 선함을 인정하고 존중합니다. 그리고 예의를 갖추어 사과하는 방법을 찾습니다. 여정이 엄마에게 중요한 것을 존중하게 됩니다. 이것은 바로 민수가 자신과 타인을 존중하고 숭상하는 방법입니다.

다른 사람을 존중하는 규칙을 만들어 보세요

예를 들면, 인사하기도 다른 사람을 존중하는 규칙이라고 할 수 있습니다.

1. 교실에서 먼저 친구에게 "안녕" 하고 인사한다.

2.

식물과 나무, 새와 작은 동물의 이름과 습성을 아는 것도 자연의 다양성을 존중하고 숭상하는 방법입니다. 주변의 공원에 사는 동물 가족을 찾아보세요. 이들을 보호하기 위해 내가 할 수 있는 일이 무엇인지 찾아보고, 행동으로 옮겨 보세요.

집 근처에 동물 보호소가 있는지 찾아보고 방문해 보세요. 겨울을 앞두고 동물 보호소에서 필요한 것이 무엇인지 알아보고, 우리집에서 쓰지 않지만 동물 보호소에서 필요한 것을 찾아 기부해보세요.

우리나라에 멸종 위기에 처한 종이 무엇인지 찾아보세요. 동물이 우리와 함께 살며 누려야 하는 권리가 무엇인지 생각해 보고, 목록을 작성해보세요.

이렇게 우리가 꽃과 나무와 같은 식물, 새와 고양이, 강아지와 같은 동물, 산과 바위, 강과 같은 자연을 보호하기 위해서 할 수 있는 일이 무엇인지 목록을 작성해보세요.

예를 들면 쓰레기를 줄이고 재활용할 수 있는 일부터 시작해 볼 수 있어요. 버려진 쓰레기를 줍고, 일회용 물건을 적게 사용하기 위해 노력하는 것도 자연을 존중하고 숭상하는 방법입니다.

자연을 존중하기 위해 내가 할 일을 써 보세요.

1. 오늘 길거리에 핀 꽃의 이름이 뭔지 찾아본다.

2.

동짓날, 새로 고침

"하필이면 이렇게 추운 날 이사야?"

나는 거실 바닥을 닦으며 투덜거렸다.

오랫동안 비었던 집이라 추워서 손이 시렸다.

"해 바뀌기 전에 이사하라는데 그럼 어떻게 해? 외갓집이 비어있었으니 다행이지. 길바닥으로 나앉을 뻔했어. 어, 이 사진이 아직도 있네."

부엌에서 팥죽 그릇을 들고나오던 엄마가 벽에 걸린 사진을 쳐다봤다. 사진 속에서 내 나이 또래의 엄마가 친구와 함께 개 한 마리를 끌어안고 있었다. 뭐가 재미있는지 하얀 이를 다 드러내고 활짝 웃는 얼굴이다. 단발머리에 물방울 무늬 바지를 입었다.

"이 친구는 어디서 잘 사는지 모르겠다."

엄마가 한숨을 쉬며 마당으로 갔다.

마당엔 오래된 개집이 있다. 그 옆에는 빈 개밥그릇

이 나뒹군다.

"엄마도 친구가 있었어?"

나는 걸레를 들고 일어났다.

아빠와 매일 싸우던 엄마에게 친구가 있었다니 믿을 수가 없다.

엄마가 팥죽을 대문에다 뿌렸다.

"아깝게 그걸 왜 거기다가 뿌려?"

"액막이 몰라? 오늘이 동지잖아. 밤이 제일 긴 날."

엄마가 빈 그릇을 탈탈 털었다.

"액막이?"

내가 되물었다.

"나쁜 일을 막는 게 액막이야."

엄마가 대답했다.

"나쁜 일은 벌써 생겼어. 아빠랑 이혼하고 이런 동네로 이사 온 거보다 더 나쁜 일이 어디 있어?"

"그게 내 잘못이냐? 우리 놔두고 제 살길 찾아간 니 아빠

탓이지. 승진아, 넌 아무도 믿지 마라."

"만날 똑같은 소리, 지겹지도 않아?"

나는 패딩을 걸치고 신발을 신었다.

"나는 원래 그런 줄 아냐? 나도 너만 할 때는 꿈 많고, 정이 넘치는 소녀였다! 내가 어쩌다, 남편을 잘못 만나서."

엄마의 모든 말은 아빠에 대한 원망으로 끝난다.

나는 답답해져서 삐꺽거리는 대문을 열고 나섰다.

대문을 등지고 서서 숨을 크게 쉬었다. 찬 공기가 가슴 가득 들어왔다.

높은 건물도 없고, 아파트도 보이지 않는다.

멀리 산등성이가 보였다. 해는 하늘 한가운데 있다.

나는 골목길을 따라 걸었다.

녹슨 철문과 벽돌, 담이 낯설었다. 담 위에는 깨진 유리 조각이 삐죽삐죽 박혀 있고, 열린 대문 사이로 보이는 마당에 시든 꽃과 잎을 떨군 나무가 서 있다.

골목길을 돌았다.

첫 집은 가게였던 것 같은데 지금은 닫혀 있다. 깨진 유리 안쪽으로 주인 없는 우편물이 쌓여 있다.

가게 맞은편 담벼락을 따라가니 큰길이 나왔다. 큰길로 향하는 골목 바닥엔 직사각형과 정사각형 블록이 번갈아 깔려 있다. 블록 사이사이에 누렇게 변한 풀들이 박혀 있다. 여름에는 분명 초록색이었을 것이다.

나는 정사각형 블록만 밟으며 걸었다.

"하나, 둘, 셋, 넷, 다섯, 여섯…."

블록을 세며 걸어가다 보니 어지러웠다.

잠깐 눈앞이 하얘졌다. 나는 눈을 꾹 감았다가 떴다.

순간, 비 오고 난 후 해가 났을 때처럼 공기가 가벼워진 것 같았다.

집으로 가야할 것 같아 다시 골목으로 들어갔다.

같은 길인데 아까보다 담장도 덜 낡아 보이고, 페인트도 새로 칠한 것 같다.

골목 입구에 쓰레기가 쌓여 있다.

"누가 여기다 쓰레기를 버렸어? 바람에 날려 우리 집까지 들어오잖아!"

내 또래 여자애였다.

까만 모자에 두툼한 패딩과 물방울 무늬 바지를 입었

다. 털모자로 가려져서 얼굴은 잘 보이지 않는다.

쓰레기를 뒤적이며 발로 꽉꽉 밟는다.

"……."

나는 못 들은 척했다. 여자애가 가는 방향을 슬쩍 보고 다른 골목으로 들어섰다.

골목 첫 집은 가게다. 주인아주머니가 평상에 앉아 지나가는 사람을 바라보고 있다. 아주머니 뒤에는 가방, 체육복, 장난감 총이 걸려있다.

'요즘도 저런 가방을 들고 다니나? 이 동네 진짜 오래됐네.'

가게 맞은편 골목을 따라 걸으니 큰 길이 나왔다.

나는 고개를 갸웃했다. 어쩐지 같은 곳을 뱅뱅 도는 느낌이다.

학교 놀이터에 도착해서 그네를 탔다. 놀이터엔 아무도 없다. 그네를 타다 미끄럼틀에 올라갔다. 미끄럼틀 위에서 멍하니 한참 앉아 있었다.

해가 멀리 산등성이에 점점 가까워졌다.

나는 미끄럼틀에서 천천히 내려왔다.

집을 향해 가는데 아까 그 여자애가 맞은편에서 왔다. 순간적으로 못 본 척 고개를 돌렸다.

"저기 개가 한 마리 있더라고."

여자애가 나를 보고 다짜고짜 말을 걸었다.

"내가 지나가는데, 짖더라니까. 가보니 밥그릇에 아무것도 없고, 물통도 비었어."

여자애가 큰일이라도 난 듯이 눈을 둥그렇게 뜨고 말했다.

"……."

나는 얘가 왜 이런 말을 하나 싶어 멀뚱멀뚱 바라봤다.

"집으로 가서, 아까 쓰레기통에서 주웠던 그릇에 밥 한 덩이랑 물을 가져다줬어."

"그래서?"

나도 모르게 말했다.

"순식간에 먹더라. 주인이 묶어 놓기만 하고 돌봐주지도 않는 것 같더라고."

"주인이 없어?"

나는 한 발짝 앞으로 다가섰다.

"생긴 건 이뻐. 참, 담요도 갖다 줬어. 추워 보여서."

내 물음에 여자애가 눈을 반짝 빛내며 대답했다.

"가볼래?"

여자애가 내 대답도 기다리지 않고 휙 돌아서 앞장서 갔다.

나는 제자리에서 멈칫거렸다.

"야, 뭐해? 강아지 보러 안 가?"

여자애가 손을 흔들었다. 나는 마지못해 발을 떼었다.

"여기에도 길이 있어? 막다른 골목 같은데?"

내가 여자애를 따라가며 물었다.

여자애는 대답도 하지 않고 좁은 골목을 계속 갔다.

'저 안쪽에 패거리가 모여서 돈을 뺏거나 때리는 거 아니야?'

나는 쫓아가면서도 겁이 났다.

막다른 골목이라고 생각한 곳에 철길 굴다리가 나타났다.

나는 굴다리에서 멀찍이 떨어져 꼼짝 않고 서 있었다.

"잠깐만. 이것 좀 가지고 있어."

여자애가 나에게 다가와 지갑을 맡기고 철길 밑 굴다리로 들어갔다.

'나를 언제 봤다고 이걸 맡겨? 지갑 가지고 도망가 버릴까? 지갑에서 돈이 없어졌다고 억지 쓰는 거 아니야?'

나는 지갑을 앞으로 쭉 내밀은 채 잡고 서 있었다.

굴다리에서 나온 애가 나에게 지갑을 받아 들고는 앞장섰다.

다행히 지갑에 돈이 그대로인지 확인하지 않았다.

'아무도 믿지 마, 네 손에 있는 게 다른 사람에게 가는 순간, 그건 네 거가 아니야.'

엄마가 나에게 늘 하던 소리다.

갑자기 걸음이 빨라진 여자애를 뛰듯이 따라갔다.

좁은 공터가 나타나고, 거기에 컨테이너가 있었다. 그

앞에 작은 개집이 하나 있고, 하얀 개 한 마리가 꼬리를 살랑거렸다.

개 앞에는 여자애가 가져다줬다는 담요가 널브러져 있다.

여자애가 쪼그리고 앉아 개를 쓰다듬었다. 그러면서 서 있는 나를 쳐다보며 환히 웃었다.

"여기 봐 상처가 있지?"

여자애가 개의 오른쪽 귀 뒤를 가리켰다.

"상처가 아니잖아!"

나도 모르게 허리를 굽혀 개 귀를 만졌다.

"진짜네, 그냥 귀 뒤가 빨간 거네. 다행이다. 아픈 게 아니라서."

여자애가 다시 개 등을 쓰다듬었다.

"개랑 잠깐 놀아도 되겠지?"

여자애가 주변을 두리번거리며 개집에 걸려있던 목줄을 풀었다.

나는 한 걸음 뒤로 물러서며 주변을 둘러봤다.

"가자!"

여자애가 갑자기 개와 함께 뛰어갔다.

"뭐해? 빨리 와!"

여자애가 뒤를 돌아 나를 보고 손짓했다.

나도 따라 뛰었다. 주인이 와서 혼나느니 여자애랑 같이 가는 게 나을 것 같았다.

오랜만에 풀려나 신이 난 강아지가 쉬지도 않고 계속 뛰었다. 우리 셋은 학교 운동장을 몇 바퀴나 돌았다.

"야! 더 빨리 뛰어."

여자애가 내 등을 툭 치고 앞질러가면서 소리쳤다.

"나는 이다음에 크면 간호사가 될 거야."

묻지도 않았는데 여자애가 헐떡이며 말했다.

"무슨 간호사? 개 간호사?"

"그래, 개 간호사. 너는?"

"니가 개 간호사 되면 나는 개 의사."

뛰다가 따라오는 나를 보며 웃는 여자애 눈이 반달 같았다.

계속 뛰다 보니 추운 날인데도 땀이 뻘뻘 났다.

운동장을 한참 뛰던 개가 앞장서서 학교 교문을 나섰다. 여자애가 목줄을 잡고 개를 뒤따랐다.

개는 컨테이너 앞에서 멈춰 서서 꼬리를 살랑살랑 흔들었다.

여자애가 목줄을 말뚝에 감고 일어났다.

"니네 집은 어디야?"

난 우리 집 쪽을 가리켰다.

"그래, 가."

여자애가 나에게 손을 흔들며 모자를 벗었다.

단발머리에 활짝 웃는 얼굴 뒤로 하늘이 붉게 빛났다.

나는 돌아서 골목길을 걸었다.

혼자 걷다가 이번에는 나도 모르게 직사각형 보도블록을 밟으며 '하나 둘 셋' 세었다.

순간적으로 하늘이 노란 색깔로 변했다가 다시 붉어졌다.

걷다 보니 어느새 외갓집, 아니 우리 집 대문 앞이었다.

마당을 지나 현관문을 열고 들어갔다.

엄마가 팥죽 그릇을 나에게 내밀었다.

"옆집에서 동지라고 가져다주더라. 갖다 주니 먹기는 먹는다만, 팥죽 한 그릇 갖다 주고 나중에 뭔 유세를 할지."

엄마가 숟가락으로 팥죽을 뒤섞었다.

"엄만 언제부터 사람을 못 믿게 됐어?"

"글쎄다, 나라고 첨부터 그랬겠냐? 험한 세상 살다 보니 이렇게 되었지."

"난 또 원래 그런 줄 알았지."

나는 픽 웃으며 팥죽 한 술 입에 넣었다. 엄마도 오랜만에 웃었다.

"엄마, 우리 개 키울까?"

"그럴까? 그동안 아빠가 싫어해서 못 키웠잖아."

엄마 눈이 반짝 빛났다.

"그래, 마당에 개집도 있잖아."

엄마와 나는 팥죽 떠먹던 숟가락을 '딱' 부딪쳤다.

"아빠랑 같이 안 사니까 좋은 점도 있네."

엄마랑 내가 마주 보고 웃었다.

"원래 엄마가 개 간호사가 꿈이었어."

엄마가 눈을 깜박이며 나를 가만히 바라봤다.

"맞다, 내가 너만 할 때는 이렇지 않았어. 누구나 잘 믿고, 툭하면 웃고 그랬는데."

엄마가 벽에 걸린 옛날 사진을 가리켰다.

사진 속에 엄마가 끌어안고 있는 개의 한쪽 귀가 빨갛다.

"그래, 엄마, 이거 먹고 다시 옛날처럼 살아."

내가 엄마 입에 팥죽 한 숟가락을 넣어 줬다.

"이제 그래야겠다."

엄마가 팥죽을 입에 넣은 채 활짝 웃었다.

오랜만에 웃는 엄마 눈이 반달처럼 휘었다.

동화의 주인공인 승진이는 속이 상했습니다. 엄마와 둘이 추운 날 이사를 하고 낯선 동네에 살게 되었기 때문입니다.

이럴 때 승진이는 산책을 시작합니다. 매일매일 산책을 하는 것도 자신을 돌보고 존중하는 아주 좋은 방법입니다.

나의 몸과 마음을 존중하는 규칙을 만들어 보세요.

1. 매일매일 밖에 나가 산책을 한다.

2.

동물, 식물, 자연을 존중하기 위해 내가 할 일을 적어보세요.

예를 들면, 재활용하거나 재사용할 수 있는 품목을 확인하고 쓰레기 양을 줄이기 위해 할 수 있는 일을 생각해 보세요.

1. 플라스틱 재활용 쓰레기를 분류해 본다.

2. 경외

'경외'란 놀라움과 신비로움, 경이로움을 동시에 느끼는 깊고 강한 감정입니다. 경외의 또 다른 뜻으로는, 존경하는 마음으로 조심하는 것을 의미하기도 합니다.

언제 놀랍고, 신비로운, 경이로운 감정을 느낄까요? 바로 우리의 능력이나 지각으로 이해할 수 없는 일을 마주할 때입니다. 세상에는 우리가 설명할 수 없고, 이해할 수 없는 일이 벌어집니다. 이런 일이 벌어졌을 때, 무서움과 공포가 아니라 경외감을 느낄 수 있습니다.

꼭 무서운 일일 필요는 없습니다. 겨우내 봉우리를 달고 있는 목련꽃을 볼 때도 경외심을 느낍니다. 얼어붙은 땅을 뚫고 가장 작은 꽃이 땅속에서 올라올 때도 마찬가지입니다. 이런 마음을 느낄 때, 우리는 삶에 대한 태도를 바꿀 수 있습니다.

사업이 망하고 빚더미 위에 올라앉아 삶의 희망을 잃었을 때, 아스팔트 바닥을 뚫고 피어난 민들레를 보고 경외심을 느끼고, 다시 삶을 살아가기로한 분이 바로 그런 예입니다.

이런 경외심은 지금까지 종교, 문학, 예술의 영역에서 탐구해왔습니다. 특히 종교적인 영역에서 경외심이란 신에 대한 경험, 종교적인 체험을 할 때 느끼는 감정이기도 합니다.

꼭 종교적인 경우가 아니더라도 삶에서 경외심을 느끼는 것은 중요한 의미를 가집니다. 다음의 동화를 읽어보세요.

시간을 멈추는 도깨비, 마루

나에게는 비밀이 하나 있어.

그게 뭐냐고? 우리 아빠가 도깨비라는 거야.

그러니 나도 도깨비지. 나한테도 뿔이 있냐고? 아니 아직은 없어. 점점 자라면서 생기는 거야.

우리 아빠 뿔은 황소처럼 크고 멋있어. 사람들이 도깨비가 험상궂게 생겼다고 하지만 그건 잘 몰라서 하는 말이야. 자신의 험상궂은 모습을 감출 수 없다면 그건 진정한 도깨비라고 할 수 없지.

아빠는 무슨 일을 하냐고? 나무랑 꽃을 시켜주는 일을 해. 이를테면 사람들이 길을 닦으려고 깎아놓은 산을 우리 아빠가 원 상태로 돌려놓는 일. 사람들은 어제 종일 깎은 산이 오늘 그대로인 걸 보고 이상하다고 생각할 거야.

우리 아빠가 그런 걸 모르고. 어떤 사람은 이렇게 말할지도 몰라. '도깨비한테 홀렸나?'

수요일 밤이었어. 집을 나서는 아빠한테 물었지.

"오늘은 어디 가?"

"너희 학교에 가서 화단을 다시 만들어 놓을 거야. 주차장 만든다고 화단을 다 없애버리려고 하잖아. 화단의 제비꽃이 그러더라. 제발 좀 살려 달라고."

'그깟 제비꽃이야 죽든 말든…….'

나는 아빠의 말을 못 들은 척하고 고개를 돌렸어. 갑자기 뿔이 자라는지 앞 통수가 간질간질해졌어. 나는 이마랑 앞머리를 만져봤지. 왠지 앞 통수가 불룩해진 것 같았어. 머리를 문지르고 있는데 아빠가 그걸 봤지 뭐야.

"왜? 뿔이 나려고 그래?"

"아니."

"조금만 이상하면 얼른 아빠한테 말해라."

"뿔이 나는 건 어떻게 알 수 있어?"

"이마가 간질간질하기도 하고 열도 나고 그래. 마치 어릴 때 첫 이가 나오는 것하고 비슷해."

"그것뿐이야?"

"딴 것도 있지. 근데 그건 도깨비의 능력에 따라 달라."

"아빠는?"

"너도 알다시피 나는 나무나 꽃들을 살리는 도깨비야. 뿔이 날 때쯤, 꽃들이 하는 이야기가 들리기 시작했어."

"그럼 나는?"

"너야 모르지. 무슨 능력이 생길지."

나는 내가 어떤 능력을 가진 도깨비가 될지 궁금했어. 도깨비 학교에서는 능력에 따라 배우는 게 달라진대. 아빠처럼 나무나 꽃들을 살리는 일도 있지만, 물고기들과 친한 도깨비들도 있대. 가난하고 도움이 필요한 사람들을 도와주는 도깨비들도 있고. 아무 하는 일 없이 그냥 장난만 치고 돌아다니는 도깨비들도 있대.

제일 어려운 건 시간을 잠시 멈추는 거래. 이걸 할 수 있는 도깨비는 몇백 년 만에 한 번 나올까 말까래. 그런 도깨비는 뭐가 달라도 다를 거야. 나랑은 날 때부터 딴판일 거야.

아빠는 모자를 쓰고 나갔어. 밤인데 모자는 왜 쓰냐고? 아빠가 도깨비 학교에 다닐 때 한걸음에 백 리 가기에서 낙제였대. 그래서 버스를 타고 다녀. 사람들이랑 같이 버스를 타려면 뿔을 감춰야 하잖아. 내가 만약 도깨비 학교에 가면 한걸음에 백 리 가기는 잘할 수 있을 것 같은데.

나는 혼자 남아서 숙제를 했어. 사람들 학교에 다니는 한, 싫어도 공부는 해야 하거든. 그때 은지한테 전화가 왔어.

"마루…야, 내…이일 모레 소풍 가는데 네…김밥도 같이 쌀까?"

"김밥?"

금요일 날 소풍 간다는 걸 깜빡 잊고 있었지 뭐야.

"응, 우리 어…엄마가 물어보래."

"내 것도 같이 싸주시면 고맙지."

은지 엄마의 김밥은 정말 맛있어. 우리 엄마는 뭐하고 은지 엄마가 내 김밥을 싸 주느냐고? 나는 엄마가 없어. 내가 어렸을 때 돌아가셨대. 얼굴도 생각이 안 나. 나도 은지처럼 엄마가 있었으면 좋겠어.

아침이 되자 아빠가 돌아왔어.

"학교에 가야지."

아빠가 방망이를 휘두르니 식탁이 밥이랑 반찬으로 꽉 찼어.

"뿔이 나오기 시작하면 바로 말해라. 도깨비 학교로 전학을 해야 하니까."

도깨비 학교에 입학하면 방망이 쓰는 법, 불 피우는 법, 노래 부르는 법, 씨름하는 법을 연습해. 2학년이 되면 빗자루로 변신하는 법, 투명 도깨비가 되는 법, 한걸음에 백 리 가는 법 등을 배우고. 3학년 때는 도깨비 방망이를 두드려서 간단한 물건이 나오게 할 수 있대. 옛날이야기에 나오는 것처럼 금도 나오게 할 수 있고 은도 나오게 할 수 있어. 그런 게 재미있을 것 같기도 하지만 아직은 도깨비 학교로 가고 싶지 않아.

"꼭 전학 가야 해?"

나는 용기를 내서 물었어.

"전학 가기 싫어?"

아빠가 빨간 눈을 크게 뜨며 말했어. 흰자에 핏줄이 거미줄처럼 번졌어.

"난 사람이 되고 싶어. 사람이 좋아. 도깨비 되기 싫어. 사람이 되서 스마트폰도 맘대로 쓰고 멋진 차도 가지고 싶고. 아빠처럼 밤에 나가서 일하는 거 말고 낮에 회사에 가서 책상 앞에서 컴퓨터로 일하고 싶어."

"뭐라구?"

아빠가 숟가락을 탁 내려놓으며 소리를 버럭 질렀어.

"사람들이 얼마나 나쁜지 알아? 조금이라도 편하려고 산을 파헤치고 길을 내고. 그것뿐이야? 돈만 되고 몸에 좋다면 동물이고 식물이고 다 죽이고."

"아냐! 안 그래. 우리 학교 친구들은 안 그래. 나랑 얼마나 친한네."

나는 우리 반 친구들, 특히 은지 얼굴이 생각났어. 하지만 성표랑 기석이는 뺄 거야.

"그래. 나도 너처럼 네 엄마는 안 그럴 사람이라고 생각해서 네 엄마랑 결혼했어. 하지만 네 엄마도 결국은 우리를 떠나 사람들 세상으로 가 버렸어."

나는 처음 듣는 아빠 말에 깜짝 놀랐어.

"엄마는 내가 어릴 때 돌아가셨다고 그랬잖아?"

"이제 너도 다 컸으니 솔직하게 말하마. 네 엄마는 죽은 게 아니야. 어느 날 어린 너랑 나를 두고 집을 나간 후 돌아오지 않았어."

"엄마가 우릴 두고 가버렸다고?"

"그래. 불편하고 가난한 게 싫다고 나가 버렸어."

아빠의 빨간 눈에 눈물이 차올랐어. 나는 3톤짜리 망치로 머리를 맞은 기분이었어.

할 말은 많았지만, 아빠를 남겨 두고 학교엘 갔어.

"아니 어제 뭘 했기에, 화단이 아직도 이 만큼이나 남았어요? 빨리 주차장을 만들어야 선생님들이 맘 놓고 차를 가지고 다닐 텐데."

교문 앞에서 교장 선생님이 일하는 아저씨들에게 큰 소리로 따지고 있었어.

"우리도 귀신한테 홀린 것 같다니까요! 아무리 일을 해도 아침만 되면 그대로니 원."

제일 나이 많은 인부 아저씨가 머리를 긁적이고 있었어.

수업시간에 선생님 말이 하나도 귀에 들어오지 않았어. 특히 엄마에 관한 이야기. 아까 학교 오는 길에 보았던 아줌마나 여선생님이 다 도망간 우리 엄마 같았어.

나는 하루 종일 머리가 복잡했어. 전깃줄이 막 엉켜 있는 거 같았어. 찌릿찌릿 스파크가 일어나는 것 같기도 하고. 가슴 속에 아궁이가 활활 타고 있는 것 같았어. 주먹이 불끈 쥐어졌고. 누가 건드리기만 해도 폭발할 것 같았어. 평소 여기저기 시비 걸고 다니는 우리 반 성표가 먼저 덤비기만 기다릴 정도였다니까.

가장 궁금한 건 엄마였어. 얼굴도 생각 안 나는 엄마는 나랑 아빠를 버리고 어디 가서 잘살고 있는 걸까? 엄마 생각에 머리가 복잡했어. 이마는 이마대로 쑤시고.

"한 마루, 어디 보고 있어?"

미리가 움신거려서 고개를 숙이고 있는데 선생님이 나한테 분필을 던졌어. 나도 모르게 날아오는 분필을 잡았어.

"어쭈 대단한데!"

나도 깜짝 놀랐어. 날아오는 분필을 잡다니! 내가 진짜 도깨비가 되어가는 걸까? 나는 무슨 능력을 갖춘 도깨비가 되는 걸까?

어떻게 끝났는지도 모르게 수업 종을 쳤어. 평소 같았으면 은지랑 같이 집에 오는데 오늘은 먼저 와버렸어.

집에 있는데 전화가 왔어.

"마루야! 은지가 아직 안 왔는데 무슨 일이 있나 해서……."

은지 엄마였어. 사실 은지는 혼자 걷기가 힘들어. 태어날 때 뭐가 잘못되어 생각대로 몸이 잘 움직이지 않는대. 그래서 말도 더듬어.

"오늘은 집에 일이 있어서 저 먼저 왔어요. 좀 기다리면 올 거예요."

나는 대충 거짓말로 얼버무렸어. 손과 발이 맘대로 움직이는 은지를 부축하고 다니는 것도 신물이 나. 사실 진짜 거슬리는 건 늘 웃는 얼굴로 은지 뒤치다꺼리를 하는 은지 엄마야. 저런 엄마도 있는데 우리 엄마는 도망가 버리다니…….

금요일 날은 소풍날이었어.

대공원으로 걸어가는 동안 내 귀에서는 웅웅거리는 소리가 났어.

장기자랑이 끝나고 점심을 먹으려고 모여 앉았을 때, 은지가 나에게 도시락을 내밀었어.

"마아…주야, 이거 네 꺼…야. 우리 엄마가 맛아…있게 먹으…랬어."

은지 엄마 이야기가 나오자 갑자기 심통이 났어.

"내가 거지야? 이런 거 누가 먹는데?"

도시락을 탁 쳐서 떨어뜨렸어. 은지는 깜짝 놀라 자기 도시락까지 떨어뜨렸어. 나는 대공원 수돗가에서 물만 먹고 나무 그늘에 혼자서 한참을 앉아 있었어.

귀에서는 계속 소리가 났고. 바람에 나뭇잎이 부딪히는 소리 같기도 하고……. 여하튼 소리가 점점 분명해졌어.

나는 우리 반 아이들에게로 갔어.

우리 반 기석이랑 성표가 아이들 앞에서 눈을 치뜨고 입을 삐뚤게 하고 손과 발을 마구 휘젓고 있었어. 아이들은 손뼉을 치며 웃고 있고. 딱 한 사람, 은지만 웃지 않고 있었어.

나는 기석이한테 덤벼들었어. 예전 같으면 기석이한테 맞설 생각도 못 했을 텐데. 더군다나 이상하게 몸이 가벼웠어. 중력이 느껴지지 않고 훨훨 나는 것 같았어. 내가 도깨비가 되어가고 있는 게 맞나봐.

기석이 위에 올라타서 한 대 때리려는데 성표가 달려들었어. 나는 기석이랑 성표를 상대로 엎치락뒤치락하며 싸웠어. 선생님이 호루라기를 불며 올 때까지.

기석이는 끝까지 뻔뻔했어. 선생님은 내일 학교에서 우리를 벌주겠다고 했어. 그러거나 말거나. 이젠 무서운 것도 없어.

대공원에서 학교로 돌아오는 길에 은지 혼자 앞서 걸어가는 걸 보았어. 그렇다고 선뜻 다가가기도 어려웠어. 엊그제만 해도 싸웠다가도 금방 헤헤거렸는데 왜지 오늘은 그럴 수가 없었어. 나도 이런 내가 낯설었어. 내 안에 다른 내가 자라고 있는 것 같았어.

교문을 나서는데 아까 들렸던 소리가 또 들렸어. 휘

파람 소리 같기도 했어. 나는 누가 내 뒤에서 말하는 줄 알고 뒤를 돌아보았어. 내 뒤엔 아무도 없었어.

'춥다고, 내 소리가 아직도 안 들려?'

자세히 귀 기울여 보니 그 소리는 내 발밑에서 나는 것 같았어. 그건 바로 화단의 제비꽃이 말하는 거였어.

이제 나도 들을 수 있게 되었어. 그건 소리라기보다는 물결 같은 거였어. 그냥 가슴으로 물결이 전해져 오는 것 같았어. 나는 앞통수를 만져봤어. 혹시 뿔이 나오나 해서. 불룩한 것 같기도 했어.

'나한테 한 말이야?'

'그래. 마루 너한테 한 말이야.'

제비꽃이 잎사귀를 파르르 떨었어. 아마 옛날 같았으면 바람이 불어서 그렇다고 생각했을 거야. 나는 바깥으로 나와 있는 제비꽃 뿌리 위에 흙을 덮고 토닥토닥 두드려줬어. 온몸이 가려워지는 걸 보니 털도 나는 모양이야.

저 앞에서 은지가 흔들거리면서 천천히 길을 건너고 있었어. 신호등이 녹색에서 빨간 불로 바뀌었어. 은지는 아직 도로에서 벗어나지 못했어. 걸음이 느리잖아. 건너편에 은지 엄마가 손을 흔드는 게 보였어. 그때 갑자기 트럭이 달려왔어.

"안 돼!"

나도 모르게 손을 내밀었어. 갑자기 손바닥에서 뜨거운 게 나왔어. 불길은 내 안으로도 들어왔어. 나는 불에 타고 있는 것 같았어.

거리에서 움직이던 모든 것들이 딱 멈췄어. 길가의 먼지와 돌들이 반짝반짝 빛나고, 길을 가는 아이들이 움직이는 보석처럼 보였어. 나무들은 움직이면서 멈춘 듯했어. 그건 마치 순간이기도 하면서 영원히 끝나지 않을 것 같기도 했어. 솜털 하나하나가 세상을 향해 다 열렸어.

나는 은지에게 달려갔어. 트럭 앞의 은지를 밀었어. 은지는 중앙선 위로 넘어졌어. 그 순간 다시 차와 사람들이 움직였어. 가로수들도 바람에 흔들리기 시작했고, 사람들도 평상시처럼 가던 길을 갔어.

"은지야! 괜찮아? 큰일 날 뻔했다."

멀리 있는데도 은지 엄마의 말소리가 들렸어.

'시간을 멈추다니, 네가 바로……'

길옆의 은행나무가 속삭였어.

"내가?"

아까 불길이 느껴졌던 손바닥을 들여다보았어. 예전 내 손바닥하고 똑같았어. 하지만 나는 달라졌어. 나는 드디어 도깨비가 된 거야.

시간을 멈추는 도깨비.

시간을 멈추는 도깨비, 마루의 이야기를 잘 읽었나요? 모든 생명에 관심을 가질 때 우리는 신성한 존재에 대한 인식을 얻게 됩니다. 마루처럼 말이에요.

눈을 감고, 깊은숨을 내쉬어 보세요. 녹색 잎사귀가 늘어진 가지가 있는 나무에 등을 대고 앉아 있는 자신을 상상해 보세요. 어떤 느낌이 드나요? 그 느낌을 써보세요.

1. 등이 따뜻하게 느껴진다.

앞서 읽은 한 동화에 나오는 꽃과 나무의 이름을 하나하나 써 보세요. 그리고 주변에서 같은 이름의 꽃과 나무가 있는지 찾아 보세요.

1.

지금 주변의 공기가 어떻게 느껴지나요? 나무의 잎사귀에서 나오는 산소를 들이마셔 보세요. 나뭇잎은 우리가 이산화탄소를 내뿜으면 이를 흡수해서 산소로 전환합니다.

다시 깊은숨을 내쉬면서 나무와 호흡을 주고받아 보세요.

1.

등에 있는 나무와 내 몸이 어떻게 연결되어 있는지 느껴보세요. 땅에서 나무의 줄기, 가지를 통해 내 몸으로 전해져 오는 느낌에 주의를 기울여 보세요.

기분이 어떤가요? 무엇을 느끼나요? 나무와 숨을 주고받으며 나무와 하나가 되어 보세요. 충분한 시간이 지나면 경외하는 마음으로 나무를 끌어안아 보세요.

1. 나뭇가지가 흔들릴 때마다 시원하다.

나에 대해서 새롭게 느껴지나요? 조금 더 새로워진 나를 느끼나요? 다른 존재에 대해 경외심을 느끼면 나도 가치있게 느껴집니다.

나를 비롯해서 내 주변의 모든 것을 경외함으로 대할 때, 나를 둘러싼 모든 것도 그렇게 느끼고 대하게 됩니다. 나의 자존감을 키울 수도 있습니다. 나에 대해서 경외심을 갖지 않고 불경하게 대한다면 자신을 소중하게 여기지 않고, 돌보지 않게 됩니다. 음식을 마구 먹고, 시간을 낭비합니다.

나를 경외하지 않고 함부로 대한 적이 있는지 기억해보고 그때의 나에게 편지를 써 보세요.

☆☆야,

이제는

다른 사람을 불경스럽게 대한다면, 그 사람을 무시하고, 비방하게 됩니다. 심한 경우 학대하기도 합니다. 아무리 어린 동생도 불경스럽게 대하지 않고 경외함으로 대해야 합니다.

다른 사람에게 함부로 대한 적이 있는지 기억해보고, 그 사람에게 편지를 써 보세요.

☆☆야,

이제는

자연을 불경스럽게 대한다면, 자연을 파괴하고, 마구 사용합니다. 동물을 학대하고, 꼭 그럴 필요가 없는데도 그 이상을 가지며 낭비합니다.

자연을 함부로 대한 적이 있는지 기억해보고, 그때 있었던 일을 써 보세요. 지금 어떤 마음이 드는지도 함께 써 보세요.

1. 화가나서 나뭇가지를 뚝 부러뜨렸다.

2. 지나가던 길 고양이에게 돌을 던졌다.

3. 겸손

‘겸손’이란 남을 존중하고 자신을 내세우지 않는 태도를 말합니다. 하지만 그렇다고 해서 자신을 무조건 낮추는 것은 아니예요. 그보다는 훨씬 더 다양하고 적극적인 태도와 행동을 겸손이라고 할 수 있어요.

다른 사람의 말을 판단하지 않고 있는 그대로 귀를 기울이는 것, 내가 모르는 부분이 있을 수 있다고 생각하고 함부로 평가하지 않는 것, 내가 잘못했을 수도 있다고 생각하고 바꿔나가려고 하는 것, 다른 사람의 장점과 성취를 인정하고 존중하는 것, 내가 모르는 부분이 있을 수 있음을 알고 배울 줄 아는 것, 내가 늘 존중받기를 바라듯 상대방을 존중하는 것, 나쁜 일이 일어났더라도 절망하지 않고, 내가 모르는 더 큰 섭리가 있음을 받아들이는 것, 내가 이해할 수 없는 일이 있고 그것이 신비로운 일일 수 있음을 기대하는 것, 무엇보다 우리 모두가 하나로 이어져 있으며 생명의 존엄 안에서 더 높고 낮음이 없음을 진심으로 아는 것이 겸손의 다양한 얼굴이에요.

그래서 내가 아무리 어렵고 힘든 상황이라도 상대방에 대해 예의를 갖추고 친절하게 대하는 것이 겸손이라고 할 수 있어요. 또, 아무리 이해할 수 없고, 받아들일 수 없는 일이 벌어져도 절망하지 않고 견디며 희망을 잃지 않는 것이 겸손이에요.

다음에 나오는 동화를 읽고, 겸손에 대해 더 생각해 보아요.

너럭바위 밑 세상

느티나무 옆에 빨간 벽돌 건물이 보였다. 앞에는 만화리 마을회관이라고 써 있다.

회관 앞에는 펑퍼짐한 너럭바위가 있다. 대여섯 명이 앉아도 거뜬하겠다. 할머니들이 바위 옆 평상에 옹기종기 앉아 있다.

"이기 누꼬? 서울 사는 상복이 아이가?"

흰머리가 뽀글뽀글한 할머니가 아빠를 가리켰다.

"니 어매 집에 있을 끼다. 요즘은 마을회관에도 안 나온다."

'누가 물어나 봤나?'

나는 속으로 입을 삐죽였다.

"메느리가 죽었으니 속이 상해 그런다 아이가?"

귀밑에 큰 점이 있는 할머니가 뽀글이 할머니한테 귓속말을 했다.

회관을 지나자 할머니 집이 보였다. 저만치 할머니가 나와 있다. 지난번보다 허리가 더 굽었다. 아빠한테 달려와 잽싸게 가방을 받아 들었다.

"어여 가서 밥 먹자. 배고플 끼다."

아빠와 나는 아무 말 없이 할머니 뒤를 따랐다. 집안에 들어서니 새끼 고양이 한 마리가 마당을 가로질러 뒤뜰로 사라졌다.

할머니가 밥상을 가지고 들어왔다. 나는 할머니가 내려놓는 밥상 앞에 얼른 당겨 앉았다. 밥그릇에서 뜨거운 김이 모락모락 피어났다. 두부를 넣은 된장찌개 냄새가 구수했다. 저절로 침이 꿀꺽 넘어갔다.

이런 밥상을 받아본 지 얼마 만인지 모른다. 엄마가 아픈 뒤부터는 거의 없었던 것 같다.

"내일부터 학교에 가야 한다."

아빠가 밥숟가락을 들었다.

"학교 그까짓 거 안가면 어떻다고."

내가 심통 맞게 대답했다.

"학교는 꼭 가야지 무슨 소리야!"

아빠가 눈을 부라리며 말했다.

그날도 아빠는 나를 억지로 학교에 보냈다. 나는 엄마의 이마에 물수건을 얹어주고 있었다.

"엄마 많이 아파?"

"응. 이제 괜찮아."

엄마가 웃었다. 아프다고 찡그린 것보다 웃으니까 훨씬 좋았다.

그때 아빠가 들어왔다.

"너 학교 안 가?"

"오늘만 엄마랑 있으면 안 돼?"

나는 물수건을 움켜쥐었다.

"학교가 무슨 장난이냐? 그만하고 빨리 학교 가."

아빠는 내가 들고 있던 물수건을 휙 낚아챘다.

"진수야, 학교 가. 엄만 괜찮아."

엄마가 힘없는 소리로 말했다.

내가 풀이 죽어서 일어났다. 수업시간 내내 가슴이 콩콩 뛰고 아랫배가 꿈틀거리는 것 같았다. 학교를 마치고 집에 와 보니 엄마가 없었다. 그것이 엄마와의 마지막이었다.

그 생각을 하니 더 화가 나서 숟가락을 탁 놨다.

"왜 안 먹어? 아빠한테 학교 간다고 하고 어여 먹어."

할머니가 안절부절못했다.

"응석받아줄 줄 알아? 이제 엄마도 없어. 우리끼리 살아야 해."

"누가 응석을 부린다고 그래? 그냥 학교 가기가 싫다고!"

내가 소리 지르거나 말거나 아빠는 입에 밥만 욱여넣었다.

"에고, 우리 불쌍한 강생이."

할머니가 내 손을 잡았다. 쪼글쪼글한 할머니의 손이 내 얼굴을 어루만졌다.

"할머니."

내가 할머니 품에 파고들었다.

"걱정 마라. 이제 할미랑 재미나게 살자."

할머니가 내 등을 토닥토닥 두드렸다.

할머니 품에서 잠이 들었나 보다. 일어나보니 벌써 아침이었다.

국화잎에 이슬이 맺혀 있었다. 어디선가 야옹거리는 소리가 들렸다. 나는 그 소리를 따라 뒷마당으로 갔다. 새끼 고양이 한 마리가 뒷마당 버려진 의자 밑에 숨어 있었다. 알록달록한 고양이는 두 주먹만 했다. 내 발소리가 들리자 고양이는 구석으로 숨었다.

나는 고양이가 먹을 만한 것이 없나 싶어 부엌으로 갔다. 할머니가 차려놓은 밥상에서 고등어 한 토막을 몰래 가지고 나와 고양이 앞에 밀어놓았다.

"엄마 어디 있어? 왜 혼자 돌아다녀? 꼬맹이가."

고양이는 고등어를 입에 물고 도망쳤다. 고양이가 맛있게 먹는 모습을 보고 싶었는데 도망가 버려서 속상했다.

나는 고양이를 따라갔다. 마을회관 앞 너럭바위 밑에

덩치 큰 고양이가 웅크리고 있는 게 보였다. 엄마 고양이인 것 같았다. 새끼 고양이가 물고 간 생선 토막을 어미 고양이 발밑에 놓았다. 어미 고양이의 다리에 빨갛게 피가 말라붙어 있다.

"진수야!"

할머니가 나를 찾아 마을회관까지 나왔다.

"어여 아침 먹고, 할미랑 학교 가자."

학교 생각을 하니 한숨이 푹 나왔다. 아빠는 일찌감치 나가버린 것 같았다. 나는 차라리 아빠가 없는 게 더 속 편했다.

학교에 가려고 집을 나섰다. 햇빛은 쏟아지는데 바람이 찼다. 벌써 가을이다.

"춥다. 옷 더 입어야겠다."

할머니가 도로 집으로 들어가 점퍼를 가지고 나왔다. 지난봄에 입던 거다. 그때만 해도 엄마가 살아 있었다.

"저놈의 고양이 뭐 먹을 게 있다고 저길 들락거리노."

할머니가 너럭바위 밑으로 기어들어 가는 어미 고양이를 보고 발을 굴렀다.

"저게 보통 바위가 아이다. 밤엔 여우 빛도 나고 이상한 소리도 들린다 안 카나? 그라니께 가까이 가지 마라."

할머니가 묻지도 않은 말을 했다. 내 눈엔 그냥 넓은 바위다.

일 층짜리 학교는 서울서 다니던 학교에 비하면 말도 못 하게 작았다. 답답했다.

교실은 딱 세 개였다. 두 학년이 한 교실을 썼다. 복도에 걸린 아이들 그림은 촌스러웠다. 학교 복도의 창밖으로 벌써 누래진 논이 보였다.

교무실에서 나온 선생님이 출석부를 들고 앞장섰다. 나는 선생님을 졸졸 따라갔다.

"새로 전학 온 이진수다. 사이좋게 놀아라."

선생님이 얼마 되지도 않는 아이들을 둘러보았다.

선생님이 사회책을 폈다.

"오늘은 우리 동네에 유적지에 대해 알아보는 시간이다.

뭐가 있는지 아는 사람?"

"만화리 고인돌이요! 마을회관 앞에 있어요."

만화리라면 할머니네 집이 있는 동네다.

"고인돌이 뭐에요?"

볼이 발그레한 꼬맹이가 물었다.

"죽은 사람을 묻고 그 위에 큰 돌을 올려놓은 거야. 청동기 시대의 무덤이지."

"청동기가 뭐에요?"

이번에는 삐삐 머리 꼬맹이다.

"청동기 시대는 옛날, 옛날, 옛날이야."

"옛날 옛날엔 자동차도 없었고, 아파트도 없었고, 전화도 없었고, 병원도 없었고, 비행기도 없었고, 약도 없었고……."

애들이 책상을 두드리며 '없었고 노래'를 불렀다.

수업은 재미없었다. 더군다나 어린 애들이랑 같이 있으니 더 지루했다. 멍하니 창밖만 바라보았다.

학교를 마치고 교문을 나섰다. 대낮인데도 목덜미에 스치는 바람이 찼다. 나는 주머니에 손을 넣었다. 딱딱한 게 손에 잡혔다. 꺼내 보니 엄마가 살았을 때, 엄마 주려고 산 알약이었다. 약사에게 머리도 아프고 밥도 못 먹고 열나는데 먹는 약을 달라고 하니 준 거였다.

나는 주머니 속의 알약을 만지작거리며 집으로 향했다. 남자아이들이 갑자기 마을회관 뒤에서 나타나 앞으로 뛰어갔다.

"야! 도둑고양이를 물리치자."

아이들이 회관 앞에 있는 고양이에게 돌을 던졌다. 아침에 보았던 어미 고양이가 틀림없었다. 고양이가 절뚝거리며 너럭바위 밑으로 숨었다. 언제 왔는지 새끼 고양이도 따라 들어갔다. 아이들이 바위 밑 작은 구멍을 발로 차기도 하고 막대기로 쑤시기도 했다. 그러다 재미없다고 다 가버렸다.

나는 고개를 바위 밑으로 쭈욱 뺐다. 돌에 맞은 고양이를 그냥 두면 안 될 것 같았다. 구멍은 생각보다 컸다. 바위 밑으로 손을 넣었다. 손끝에 부드러운 고양이 털이 닿았다. 팔을 더 뻗는 순간 나는 고인돌 아래로 굴러떨어졌다.

바위 밑에 그렇게 큰 공간이 있는 줄 몰랐다. 두세 사람은 서 있어도 될 만큼 컸다. 겉에서는 잘 보이지도 않는 작은 구멍인데 안에는 이렇게 큰 굴이 있다니 놀라웠다.

나는 덜컥 겁이 났다. 무서워서 돌아갈까 하다가 다친 고양이가 걱정되어 발걸음을 옮겼다. 걷다 보니 저 멀리 환한 빛이 보였다. 동굴 끝에서 환한 빛이 다가왔다. 나는 눈이 부셔서 얼른 눈을 감았다.

눈을 떠보니 난생처음 보는 동네가 나타났다. 가죽으로 아래만 가린 사람들이 부지런히 오갔다. 더벅머리 남자는 돌을 쪼고 있었다. 여자들은 한곳에 모여 빨갛고 노란 열매를 말렸다. 아이들은 이리저리 뛰어다니며 놀고 있었다. 아무도 나에게는 관심이 없었다.

나는 두리번거리며 새끼고양이를 찾았다. 저 멀리 새끼고양이가 보였다. 새끼고양이는 마을 한구석의 조그마한 움집으로 사라졌다. 볏짚으로 만든 문을 들추고 흙바닥을 조금 파서 낮춘 방에 들어섰다.

사냥하다 다쳤는지 다리가 부러진 사람, 팔이 긁힌

사람, 눈에 부스럼이 난 아이……. 아픈 사람들을 다 한 곳에 모아놓은 모양이었다. 사람들만 있는 것이 아니었다. 죽어가는 고양이, 개, 사슴, 염소들도 앓는 소리를 내며 누워있었다.

어미 고양이가 구석에서 다리에 난 상처를 핥고 있었다. 새끼 고양이는 엄마 옆에서 갸릉거렸다. 고양이 곁에는 내 또래의 여자아이가 물 묻은 나뭇잎을 여자의 이마에 올려주고 있었다. 아마 엄마인 것 같았다.

남자 몇이 다가와 아이를 엄마에게서 떼어 내려고 했다. 여자아이는 떨어지지 않으려고 발버둥을 쳤다.

"같이 있겠다는데 왜 그래요?"

내가 달려가 사람들을 밀쳤다. 모두 멈칫했다.

"함께 있어봤자 좋을 게 없어. 이러다 둘 다 죽는다."

눈썹이 짙은 남자가 말했다. 그 말은 엄마가 병원에 있을 때 많이 들은 말이다.

"죽을 때 죽더라도 같이 있게 해 주면 좋잖아요?"

나는 소리쳤다. 여자아이가 간절하게 진수를 바라봤다.

"우리 엄마 좀 살려줘. 맨날 머리가 아프대. 먹지도 않아. 이러다 죽으면 엄마를 땅에 묻어놓고 다시는 나오지도 못하게 돌로 눌러 놓을 거야."

여자아이가 털썩 주저앉아 울었다. 사람들이 발버둥 치는 여자아이를 끌고 나갔다. 아이 엄마가 열에 들떠 내 손을 잡았다. 열이 나고 아픈데도 나를 보고 웃었다. 반달눈이 엄마랑 닮았다. 나는 모닥불 근처에 있는 빗살무늬 토기를 가져다가 물을 담아왔다.

아이 엄마가 허옇게 부르튼 입술을 달싹거렸다.

"우리 아리한테 전해줘. 씩씩하게 잘 살라고. 엄마가 하늘나라에서 지켜보고 있을 거라고……."

"다 필요 없어요. 죽으면 안 돼요!"

나는 아이 엄마의 손을 꼭 쥐었다. 숨소리가 잘 들리지 않자 마치 깨우기라도 하듯이 마구 흔들었다.

"잊지 않으면 마음속에 살아 있는 거야. 우린 영원히 함께 있는 거야."

헉헉거리며 아이 엄마가 말했다.

"그런 게 어디 있어요. 지금 같이 있어야지요! 엄마도 없이 어떻게 혼자 살라고요!"

내가 울음을 터뜨렸다. 뱃속에서 뜨거운 게 꿈틀거렸다. 그건 내가 엄마한테 하고 싶은 말이었다. 뜨거운 손이 내 머리를 쓰다듬었다.

나는 주머니 속의 알약이 생각났다. 약을 꺼내 누워 있는 아이 엄마에게 먹였다. 한참 지나자 아이 엄마의 숨소리가 편안해지고 뜨겁던 손에서도 열이 빠져나갔다.

어스름하게 동쪽 하늘이 밝아오기 시작했다. 움막을 나오니 아이가 벽에 기대 웅크리고 있었다. 내가 여자 아이의 손을 잡았다.

"우리 엄마가 돌아가실 때 나는 아무것도 못 했어. 학교에서 돌아와 보니 엄마가 없었어. 아빠한테 혼나더라도 학교 가지 말고 엄마 옆에 있을걸."

여자아이가 나를 안아주었다. 내 눈에서 눈물이 흘렀다. 심장을 누르는 것 같았던 무거운 돌멩이가 조금씩 모래가 되어 부서지고 있었다.

그때 옆에서 고양이 울음소리가 들렸다. 나를 찾고 있을 할머니가 떠올랐다. 여자아이에게 주머니를 털어 남은 알약을 주고 새끼 고양이를 쫓아 숲으로 갔다.

나는 왔던 대로 새끼 고양이를 따라가야 할 것 같았다. 알록달록한 털북숭이가 계곡 사이 좁은 바위틈 사이로 사라졌다. 그걸 놓칠세라 나도 몸을 굽혀 따라 들어갔다.

바위틈 사이로 난 좁고 긴 터널을 지났다. 막다른 곳에 이르자 천정에서 빛이 흘러들어왔다. 새끼 고양이가 폴짝 뛰어 사라졌다.

위로 손을 뻗었다. 손끝에 걸린 땅을 단단히 잡고 발을 벅차올랐다. 어깨까지 빠져나오니 누군가 아래서 미는 것처럼 몸이 쑤욱 빠져나왔다. 손을 툭툭 털고 뒤를 돌아보았다. 바위 밑의 구멍은 수풀 속에 가려져 잘 보이지 않았다.

"진수야! 어디 갔었어. 걱정했잖아."

아빠였다.

"남이야 어딜 가건 말건. 학교만 갔다 오면 되잖아!"

어리광을 피울 때처럼 내 혀끝이 조금 말렸다.

"그런 말 하면 섭섭하지. 하나밖에 없는 아들을 아빠가 얼마나 찾았는데."

아빠가 내 어깨를 감쌌다. 나는 아빠에게 머리를 기댔다.

비누 냄새나는 아빠의 품이 따뜻했다. 저 멀리서 할머니가 손을 흔들었다.

동화를 잘 읽었나요?

주인공 진수는 엄마의 죽음에 대한 원망을 아빠에게 돌리고, 왜 내 엄마만 돌아가셨는지 원망스러울 때, 아리에게 벌어진 일을 보면서, 엄마가 돌아가신 일을 받아들입니다.

어느 작가가 불행한 일을 겪은 후, '왜 나에게 이런 일이 벌어졌는지?' 하느님을 원망했다고 합니다. 가슴을 뜯으며 슬퍼하는 작가에게 누군가 물었습니다. '왜 너에게는 그런 일이 벌어지면 안 돼?' 이 말을 듣는 순간 작가는 원망에서 벗어나 슬픔을 받아들이기 시작했다고 해요.

진수도 마찬가지지요. 물론 일어나지 않았어야 하는 일이지만, '왜 나만?'이라는 생각에서 벗어나 '나에게도 그런 일이 일어날 수 있어.'라는 겸손한 마음을 갖는다면 우리는 어려움과 상처를 딛고 일어날 수 있을 것입니다.

골목 안 굴뚝 옆

"딱따닥 따딱 따닥."

불규칙한 발걸음 소리가 점점 가까워지고 있습니다. 진우는 얼른 이불 속으로 들어가서 자는 척했습니다. 무겁고 깜깜한 이불 속에서 가만히 엎드려 있었습니다.

"허구한 날 술만 마시고, 내가 정말 못 살아."

아니나 다를까 엄마의 목소리가 들렸습니다. 진우의 가슴이 쿵쾅쿵쾅 뛰기 시작했습니다. 마치 심장이 쪼그라드는 것 같았습니다.

두꺼운 이불 속을 파고드는 엄마와 아빠의 고함은 마치 뾰족한 창이 되어 진우를 찌르는 것 같습니다. 다행히 더 큰 소리는 나지 않았습니다.

설핏 잠이 들었습니다.

눈을 떠보니 아침이었습니다. 밥을 먹고 아빠와 함께 대문을 나섰습니다. 큰길로 가려면 골목을 지나야 합니다.

"예전엔 여기에 굴뚝이 있었는데……. 굴뚝 옆에는 녹슨 철문도 있고."

아빠가 전봇대 옆을 가리켰습니다. 진우의 눈동자가 아빠의 손가락을 따라갔습니다.

"내가 너만 할 때 큰아버지에게 혼나면 여기에 앉아 있었지. 따뜻하고 아늑했거든."

"큰할아버지가 혼냈어?"

진우가 부루퉁하게 물었습니다.

"응? 응."

아빠가 멋쩍은 듯 고개를 돌렸습니다. 진우는 전봇대를 흘깃 바라보았습니다.

진우는 맞고 있는 어린 아빠를 상상해 보았습니다.

조금 불쌍한 마음이 들기도 했습니다.

'그러면 뭐해? 자기도 똑같으면서……."

아빠와 헤어져 학교에 도착했습니다.

진우가 좋아하는 미술 시간이 되었습니다. 선생님이 스케치북에 꿈에 대해서 그리라고 했습니다. 진우는 파

란 크레용을 집었다 놓았습니다. 아무리 생각해도 뭘 그릴지 잘 생각나지 않았습니다.

결국, 한 시간 내내 아무것도 못 그렸습니다. 선생님이 집에 가서 마저 그리고 내일까지 가져오라고 했습니다. 잘 그린 건 교내 전시회에 낼 거라고 합니다.

집으로 가는데 진우는 발목에 쇠사슬이 채워져 있는 것 같았습니다. 골목길로 접어들었습니다. 진우는 담벼락에 기대섰습니다. 고개를 쳐들고 눈을 감았습니다. 한참 그대로 서 있었습니다. 뭔지는 모르지만 마음에서 간절히 바라고 있는 것 같습니다.

진우의 얼굴에 따뜻한 빛이 살며시 내리쬐었습니다. 누군가 진우 얼굴을 감쌌습니다. 진우가 눈을 떴을 때 골목은 여느 때와 달리 푸른빛이 감돌았습니다.

전봇대 옆에 한 남자아이가 오도카니 앉아 있습니다. 처음 보는 아이입니다.

진우는 그 아이를 지나쳐 골목 안 대문을 열었습니다. 집안은 조용합니다.

진우는 텅 빈 거실에서 텔레비전을 켰습니다.

화면 속에서 진우 또래의 아이가 엄마아빠 손을 잡고 걸어갑니다.

'우리 집은 언제 저렇게 될까?'

진우는 혼자서 엄마 아빠가 마주 보고 웃는 모습을 상상해 보았습니다. 아빠가 진우를 번쩍 들어 올려 목말을 태우는 것도 머릿속에 그려보았습니다.

가방에서 아까 그리다 만 스케치북을 꺼냈습니다. 엄마도 그리고 아이도 그렸습니다. 한참을 그리다 보니 머릿속에 엉켜있던 거미줄이 걷히는 것 같았습니다.

'철커덕'

진우는 문소리에 깜짝 놀랐습니다.

"엄마 왔어?"

"그래."

엄마는 짧게 대답하고 부엌으로 갔습니다. 한 손으로 어깨를 두드리며 냉장고를 열었습니다.

"엄마, 내가 할 일 없어?"

진우는 엄마가 건네주는 마늘을 깠습니다.

"아빠는 오늘도 술 먹고 늦게 들어오나?"

엄마에게 물었습니다.

"휴, 모르지."

엄마의 표정이 어두워졌습니다.

"어제 속상했지? 아빠도 안 그러려고 하는데 그게 맘처럼 쉽지 않나봐."

엄마가 묻지도 않은 말을 이었습니다.

"……."

"진우도 아빠 닮아 그림 그리는 거 좋아하지?"

엄미가 진우의 머리를 쓰다듬었습니다.

대문이 덜컹거리는 소리가 들렸습니다. 오늘은 아빠가 일찍 오나봅니다. 진우는 스케치북을 들고 방으로 들어갔습니다. 이불을 머리끝까지 덮어 썼습니다.

"아빠가 들어왔는데 내다보지도 않아?"

갑자기 이불이 확 들춰졌습니다.

"이놈의 여편네가 애를 어떻게 키우는 거야? 애비가 들어와도 인사할 줄도 모르고."

아빠가 엄마에게 소리 질렀습니다.

"이게 다 뭐야! 그림이 무슨 소용이라고."

아빠가 스케치북을 내동댕이쳤습니다.

진우는 대문 밖으로 뛰쳐나갔습니다. 골목엔 아직도 푸른빛이 깔려 있었습니다. 그때까지 전봇대 옆에 아이가 앉아 있습니다. 아이가 진우를 보고 일어났습니다.

손에는 구겨진 스케치북을 쥐고 있습니다.

진우는 아이의 어깨에 손을 얹었습니다. 물결처럼 아이의 마음이 전해집니다.

"다시 그리면 되잖아."

진우는 아이의 꼬깃꼬깃한 스케치북을 폈습니다. 둘이서 같이 그림을 그렸습니다. 한참 그리다 보니 푸른 안개가 걷혔습니다.

진우가 다시 집으로 돌아왔을 때, 집안은 쥐죽은 듯 조용했습니다. 진우는 안방을 몰래 열어보았습니다. 잠든 아빠가 돌아누우며 손을 뻗습니다.

"가지 마. 같이 있어."

아빠가 잠꼬대합니다. 진우는 도둑고양이처럼 방으로 들어가 잠들었습니다.

아침에 일어나 엄마가 차려놓고 나간 밥을 혼자 먹었습니다. 아빠는 보이지 않습니다.

진우는 헐레벌떡 학교로 뛰어갔습니다.

하루 종일 선생님이 미술 숙제를 내라고 할까봐 조마조마했습니다. 다행히 선생님이 별다른 말은 하지 않았습니다.

집으로 돌아오는 길이었습니다.

골목길에 어제 본 그 아이가 전봇대 옆에 앉아 있습니다.

"여기서 뭐 해?"

진우의 말에 고개를 푹 숙이고 앉아 있던 아이가 머리를 들었습니다.

"어제 그림은 다 그렸어?"

"큰아버지가 찢어버렸어. 이런 거 나 소용없대. 돈 벌어야 한 대."

아이가 눈물을 글썽입니다.

"그래서 울었어?"

아이가 아닌 척하며 소매로 눈물을 쓱 닦습니다.

"아니. 안 울었어. 아빠가 울면 안 된댔어."

"아빤 어디 갔어?"

"응. 멀리 가셨어. 울지 말고 기다리라고 했어."

"우리 아빠는 자꾸 화내고 혼내는데."

진우가 아이 옆에 앉았습니다.

"아빠만 오면 그림 많이 그릴 거야. 그래서 화가가 될 거야."

"어! 나도 화가가 되고 싶은데."

진우가 웃었습니다.

"아빠가 미제 스케치북 사가지고 온댔어."

"그렇구나. 좋겠다."

진우는 더 할 말도 없어서 아이 옆에 같이 앉아 나뭇가지로 바닥에 이것저것 끼적거렸습니다. 어제 그리다 만 그림도 그렸습니다.

"네 이름이 뭐야?"

아이가 문득 고개를 들고 물었습니다.

"진우. 한진우."

둘이 마주 보고 씩 웃고 다시 그림을 그렸습니다.

크고 따뜻한 공기 방울이 둘을 감싸고 있는 것처럼 느껴집니다. 말하지 않아도 누군가 둘을 묶어 놓은 것 같습니다.

한참 그림을 그리다가 고개를 들어보니 아이가 보이지 않았습니다. 진우는 아이가 있던 자리에 남은 그림을 보았습니다. 엄마, 아빠, 아이가 손을 잡고 웃고 있습니다.

진우는 벌떡 일어섰습니다. 어깨가 가벼워진 것 같습니다.

엄마가 진우보다 먼저 집에 와있습니다.

된장찌개 냄새가 구수합니다. 침이 꼴깍 넘어갔습니다.

"누가 새로 이사 왔어?"

"아니, 그런 소리 못 들었는데."

"그럼 골목 안에 앉아 있는 애는 누구야?"

"누구? 아무도 못 봤는데?"

진우는 고개를 갸웃했습니다.

오랜만에 아빠도 일찍 들어왔습니다.

아빠가 식탁 위에 새 스케치북을 올려놓았습니다.

"내일은 공장 안 나가는 날이다."

아빠가 묻지도 않은 말을 꺼냅니다. 아무도 대답하지 않습니다.

"오랜만에 집에서 쉬려고."

아무도 대답하지 않는데 아빠가 계속 말을 이어갑니다.

"내일 비 온다던데……."

아직 화가 안 풀린 엄마가 마지못해 동문서답을 합니다.

그래도 진우는 좋습니다. 소리만 없애고 본다면 텔레비전에 나오는 화목한 식구들 같기 때문입니다.

진우는 아빠가 새로 사다 준 크레파스에 미술 숙제를 했습니다. 이젤 앞에 앉아서 그림을 그리는 화가의 모습을 그렸습니다.

아침에 일어나니 창밖이 흐렸습니다. 비는 오지 않았

습니다.

학교에 가서 제일 먼저 미술 숙제를 냈습니다.

"밖에 비 온다. 우산 없는데."

2교시 수업을 하는데 짝꿍이 중얼거렸습니다. 진우도 걱정되었습니다.

몇몇 아이들은 복도에 있는 공중전화에 줄을 섰습니다. 핸드폰이 있는 아이들은 각자 집에 전화했습니다.

'어쩌지. 비 맞고 가야 하나? 엄마는 일가고 집에 없을 텐데. 아빠는 집에서 자고 있을 거야.'

진우는 학교 현관에서 갈팡질팡했습니다.

"진우야."

그때 귀에 익은 목소리가 들렸습니다.

모처럼 쉬는 날이라 집에서 잘 거라던 아빠입니다.

"아빠!"

아빠가 진우 쪽으로 우산을 기울입니다. 진우가 우산으로 들어갑니다.

아빠랑 진우는 말없이 걷습니다.

"네 이름이 왜 진우인 줄 알아?"

골목으로 들어서자 아빠가 불쑥 말을 꺼냈습니다.

"왜요?"

"어릴 적 큰아버지에게 혼나고 속상할 때마다 나타나던 친구에게 내가 붙여줬던 이름이야. 큰 나무 아래서 같이 그림을 그리곤 했지. 내가 그냥 진짜 친구라는 뜻으로 진우라고 불렀어."

아빠가 진우의 어깨를 감싸 안습니다.

"며칠 전부터 그 아이가 생각이 나더구나. 꿈에도 보이고."

진우도 어제 만난 그 아이가 생각났습니다.

"미안해. 진우야. 스케치북 구겨버려서……."

"괜찮아. 다시 사다 줬잖아."

아빠가 진우의 어깨를 꽉 안았습니다.

진우의 이야기를 잘 읽었나요? 만약 나에게 진우 아빠 같은 아빠가 있다면 어떨까요? 아마 아주 속상하고 슬플 거예요. 아빠가 정말 싫고, 아빠에게 화가 나겠죠.

겸손이란 내가 모르는 부분이 있음을 알고, 함부로 평가하지 않는 것이기도 해요. 정말 이해할 수 없는 아빠의 모습이지만, 아빠가 왜 그렇게 되었는지 알게 된 진우는 아빠와 화해합니다.

겸손이란 내가 알 수 없는 삶의 신비와 섭리가 있다는 걸 아는 것이기도 해요. 진우의 이야기에서 진우가 그림을 좋아하고, 아빠도 그림을 그리고 싶어 했다는 걸 알게 되는 순간, 진우는 아빠를 더 친밀하게 느끼고 아빠와 하나가 됩니다.

정말 내가 싫어하고 이해할 수 없는 친구에 대해 생각해보고 그 친구가 그렇게 행동하는 이유를 짐작해 보세요. 그 친구에게 마음을 열고 겸손한 마음으로 편지를 써 보세요.

☆☆야,

나에게 일어난 신비로운 일을 써 보세요. 친구와 원래 우리는 친구로 맺어진 것처럼 느껴졌을 때가 있나요? 우연히 벌어진 일이 내 인생을 바꾼 적이 있나요?

☆☆를 처음 보았을 때,

4. 감사

'감사'는 단지 무엇에 고마워하는 것이 아니라, 살아가는 방식이에요. 나와 다른 사람에 대해서 생각하는 방식, 내가 다른 사람과 함께 살아가는 방식, 자연을 대하는 방식, 동물과 식물을 바라보는 방식에 적용되어야 하는 것이 감사라고 할 수 있어요.

가진 것을 기뻐하거나 감사하지 못하고 더 좋거나 다른 것을 원할 때, 다른 사람과 비교할 때 감사할 수 없어요. 아무리 작은 것이라도 감사한다면 우리는 진정한 나로 살아가며, 다른 사람과 연결되고, 신성과 창조의 삶을 살 수 있어요.

하지만 자신을 위해서 더 나은 것을 원하는 것이 아니라 다른 사람을 위해서 공동체를 위해서 더 원한다면, 그것은 헌신, 사랑, 정의로 나아갈 수 있습니다.

틈날 때마다 자신이 받은 좋은 것을 세어보고 감사해야 합니다. 매일 만나는 모든 것과 모든 사람에 대해 감사해요.

참외와 망고

"어이구, 우리 언놈이."

주름진 손이 내 엉덩이를 두드렸다.

"엄마, 아직 바람이 쌀쌀해요. 빨리 집 안으로 들어가요."

고모가 내 가방을 마루 위에 올려놨다.

"그래그래, 우리 언놈이 춥겠다."

할머니가 내 손을 잡고 방 안으로 들어갔다. 할머니가 내 손을 잡아 아랫목 이불 밑으로 밀어 넣었다. 방바닥이 따끈했다.

"해올아, 할머니 말 잘 들어야 한다."

고모가 마루에 올라오지도 않고 방 밖에서 소리쳤다.

"가면서 학교에 들러 해올이 전학서류 내고 갈게요."

고모가 차를 타고 떠났다. 고모의 차가 먼지를 일으키며 사라졌다.

저녁을 먹고 텔레비전을 보는데 벨소리가 울렸다. 할머니가 치마를 들치고 핸드폰을 펴들었다.

"그래, 여기는 걱정하지 말고. 애나 잘 챙겨라."

할머니가 호주머니에 핸드폰을 집어넣었다.

'요즘 누가 저렇게 접히는 걸 쓴담?'

얼마 전에 아빠가 사 준 핸드폰을 찾았다. 가방에도 주머니에도 없다. 지난주에 엄마와 아빠가 아기와 함께 짐을 꾸려서 나산 후, 아빠한테서만 전화가 한 번 왔었다. 근처에 사는 고모가 나를 데려갔다. 주말이 지나자 고모가 엄마랑 한참 통화를 하더니 나를 할머니네 집에 데려다 놓았다.

학원은 안 가서 좋았지만 뭔가 심심했다. 더구나 전학까지 한다니, 아무래도 우리 가족에게 무슨 큰일이 난 것 같았다.

할머니 핸드폰으로 엄마한테 문자를 해도 짤막한 답장만 왔다. 평소 말 많던 엄마가 다른 사람이 된 것 같왔다.

할머니네 집에서 학교에 다닌 지 일주일쯤 지났다. 아빠 또래의 이장 아저씨가 저녁때 찾아왔다.

"성일이 아들이 와 있다면서요?"

부리부리한 눈으로 이장 아저씨가 나를 살펴봤다.

"똘똘하게 생겼구나, 이 자식."

아저씨가 내 머리를 쓰다듬다 못해 헝클어놓았다. 나는 싫단 소리도 못 하고 인상만 찌푸렸다.

"니네 반 혜지 알아?"

내 뒤에 앉은 혜지의 동그란 눈이 그러고 보니 이장 아저씨를 닮았다.

"내가 혜지 아빠다. 혜지랑 사이좋게 놀아."

다음날 2교시 쉬는 시간에 혜지가 와서 내 등을 툭 쳤다.

"야! 언놈이 찾는다."

혜리가 뒷문을 가리키며 말했다. 그 말에 아이들이 와르르 웃었다.

"언놈이가 뭐야? 언놈이가."

볼에서 열이 확 났다. 교실 밖으로 나가보니 할머니가 서 있었다.

"아, 왜?"

"오늘 장에다 봄 부추 내다 팔았어. 우리 언놈이 용돈 주려고 들렀지."

할머니가 꼬깃꼬깃한 돈을 내밀었다.

"누가 돈 달래?"

말하고 손이 따로 놀았다. 내 손은 벌써 할머니가 주는 돈을 받았다.

집에 돌아오는 길에 할머니가 준 돈으로 혜지와 동률이랑 붕어빵을 사 먹었다. 시골 애들은 친해지기 쉬웠다. 옛날 우리 반 아이들처럼 무슨 아파트 사는지, 어느 학원 다니는지 묻지도 따지지도 않았다.

"너 오늘 받아쓰기 백 점 받았지?"

동률이가 코를 훌쩍거리며 물었다.

"응, 그까짓 거 뭐."

나는 텔레비전에 나오는 미국에서 살다온 아이돌 가수처럼 어깨를 으쓱했다.

"도시에서는 진짜로 텔레비전에 나오는 것처럼 멜론이랑 망고랑 코코넛 그런 거 막 사 먹나?"

동률이가 붕어빵 팥이 묻은 입술을 문질렀다.

"그래, 맞아. 난 딸기, 참외, 수박 이런 거 안 먹었어. 자몽이랑 망고랑 멜론이랑 그런 거만 먹었어."

거짓말이 입에서 술술 나왔다. 왠지 아이들한테 잘난 척하고 싶었다.

"자몽이랑 망고가 뭐가 달라? 이름도 비슷비슷한데."

혜지가 고개를 갸웃거렸다.

"자몽은 동그랗고, 망고는 길쭉하지."

"너는 언제 다시 서울로 전학 가?"

동률이가 물었다. 붕어빵을 먹던 내 손이 멈칫했다.

"아빠가 금방 데리러 올 거야."

하기 싫은 말을 해야 할 때는 딴소리를 하는 게 제일 좋다. 나는 얼른 오늘 하는 만화영화 이야기를 시작했다.

저녁때, 할머니가 된장국을 끓였다. 나는 달걀국을 더 좋아한다.

"엄마 나 받아쓰기 백 점 맞았어.'

밥을 다 먹고 할머니 핸드폰으로 엄마한테 문자를 보냈다.

'우리 해올이 잘했네.'

평소 같았으면 받아쓰기 백 점 맞았다고 내 머리를 쓰다듬어도 백번은 더 쓰다듬었을 엄마가 잘했다는 한 마디 뿐이었다.

한 달이 지나고 두 달이 지나도 엄마랑 아빠는 날 데리러 오지 않았다. 날씨는 점점 더워졌다. 고모가 내 여름옷을 가져다주었다. 엄마가 나를 영영 잊은 것은 아닌지 걱정되었다.

할머니의 텃밭에선 토마토랑 오이, 가지, 참외가 열렸다. 학교 갈 때 보면 초록색이던 토마토가 점점 빨개지고 있었다. 참외도 점점 노랗게 변해갔다.

여름옷과 함께 온 핸드폰이랑 게임기 자랑을 했더니 동률이랑 혜지가 구경하러 왔다.

"야, 이 핸드폰 진짜 좋다."

여름 햇살에 핸드폰이 반짝반짝 빛났다.

"언놈아, 올해 처음 딴 참외다 어여 먹어봐."

할머니가 노란 참외를 깎아 내밀었다. 달콤한 냄새에 침이 꼴깍 넘어갔다. 하지만 또 언놈이 소리를 들으니까 화가 났다.

"안 먹는다니까!"

나는 할머니의 손을 뿌리쳤다.
참외 조각이 저만치 떨어졌다.

"아깝게……."

할머니가 내동댕이쳐진 참외 조각을 집어다 수돗물에 씻었다.

"내라도 먹어야지……."

참외 조각을 씻어서 먹는 할머니에게 화가 나는 건지

미안한 건지 몰라서 더 짜증이 났다.

날이 더워지자 할머니의 텃밭에는 토마토, 오이, 가지, 참외가 더 많이 열렸다.

"할머니 참외랑 토마토를 따면 어떻게 돼?"

"어떻게 되기는 다른 참외가 또 나지."

할머니가 누런 이를 드러내며 웃었다.

할머니의 웃는 얼굴을 보니 더 신경질이 났다. 나는 화가 나는데 웃기만 한다. 할머니도 한 번 울게하고 싶었다.

나는 할머니가 장에 간 틈을 타 작업을 시작했다.

문 앞에 구덩이를 팠다. 한참 파다가 구덩이 안에 서 봤다. 무릎까지 구덩이 안에 들어갔다. 그 정도면 될 것 같았다. 구덩이 위에 나뭇가지를 얼기설기 걸쳐놨다. 나뭇잎과 흙으로 나뭇가지를 덮었다.

'괜히 학교에 와서 망신 주고, 맛도 없는 참외랑 오이나 먹으라고 하고. 언놈이는 누가 언놈이래?'

땅을 파는데 내 입에서 혼잣말이 저절로 나왔다.

나는 나무 뒤에 앉아 할머니가 장에서 돌아오기만 기

다렸다. 저만치 할머니가 보였다. 빈 소쿠리를 이고 절뚝거리며 걸어왔다. 장터에 오래 앉아 있어서 발이 저리는 것 같았다.

절름거리는 할머니를 보니 갑자기 내가 무슨 일을 저질렀는지 더럭 겁이 났다.

"할머니! 거기……."

막 뛰어나가려는데 퍽 소리가 났다.

나보다 할머니가 더 빨랐다. 할머니가 구덩이에 빠져 넘어졌다. 소쿠리는 저만치 굴러갔다.

할머니가 손을 땅에 짚고 일어나려고 했다. 하지만 발을 접질렀는지 끙끙거리는 소리만 내고 일어나지 못했다.

나는 마을회관으로 뛰어가 이장 아저씨를 데리고 왔다.

"어떤 놈들이 이런 장난을 쳤어!"

이장 아저씨가 병원에 전화했다. 잠시 후 앰뷸런스가 와서 할머니를 태워갔다. 할머니가 넘어졌던 자리에는 빈 소쿠리랑 망고가 나뒹굴었다.

텔레비전에서만 보던 앰뷸런스를 보니 내가 큰일을

저지른 것 같았다. 할머니도 없이 밤에 혼자 있으려니 무서워 죽을 것 같았다.

토요일에, 엄마가 나를 데리러 왔다. 오랜만에 본 엄마 얼굴이 하얗다.

"그러니 어떻게 해요. 어머니는 저러고 계신데……."

병원으로 가는 차 안에서 엄마가 아빠에게 전화했다.

"해진이는 아직 병원에 있지만 할 수 없지요, 뭐. 하루 이틀에 나을 병도 아니고."

"아기가 많이 아파?"

내가 뒷좌석에서 엄마에게 물었다.

"응. 괜찮아지겠지. 그나저나 할머니가 걱정이다."

룸미러에 비치는 엄마의 이마에 세로 주름이 생겼다.

"다리만 나으면 되는 거 아니야?"

"워낙 연세가 높아서 다른 병이 더 생길 수도 있대."

나는 심장이 덜컥 내려앉는 것 같았다.

"엄마는 할머니와 해진이 때문에 병원에 있어야 해. 집에서 너 혼자 밥 차려 먹고, 학교 가고, 숙제도 해야 해. 아빠도 출퇴근 해야 하니."

엄마가 사거리 신호에서 다시 출발하며 말했다.

"그럼 다시 전학 가?"

내가 깜짝 놀라 물었다.

"할머니도 안 계신데 너 혼자 살 순 없잖아."

나는 차 뒷좌석에 등을 기댔다. 다시 집으로 가게 된 게 좋은지 나쁜지 잘 모르겠다.

따뜻한 양지쪽에 파랗게 풀이 난 할머니 무덤이 있었다.

"떼가 잘 자랐네."

아빠가 할머니 무덤을 손으로 쓸었다.

"아니 이게 뭐야?"

무덤을 한 바퀴 돌던 아빠가 발걸음을 멈췄다.
아빠의 눈길이 머문 곳에 노란 참외 덩굴이 있었다.

"작년에 장례 때 먹던 참외에서 씨가 떨어졌었나 보네."

"할머니가 해올이 먹으라고 마련해 두셨나 보다."

엄마가 참외를 땄다.

노란 참외가 햇빛에 반짝 빛났다. 참외를 보니 할머니가 나한테 괜찮다고 하는 것 같았다.

'언놈아, 참외 먹지.'

할머니 목소리가 들리는 것 같았다.

달콤한 참외 냄새가 코끝을 스쳤다.

우리가 감사를 실천하는 일

1. 날마다 먹는 음식에 감사하고 낭비하지 않습니다. 그러기 위해서는 계획을 세워 장을 봅니다.

2. 감사 달력을 만듭니다. 달력에 우리가 아는 사람들, 존경하는 사람들, 예술가나 과학자 중에 내가 좋아하는 사람들, 동물, 자연, 음식과 음료, 사물, 기회, 모임에 대해 관련된 날짜를 정해 표시합니다.

3. 감사를 표현하는 창의적인 방법을 찾아봅니다. 작품에 감동을 받은 작가에게 감사 편지를 보내요. 오늘 선생님의 수업이 좋았다면 감사하다고 연락해요. 잘 사용하는 물건이 있다면, 물건을 만든 회사 홈페이지에 감사를 전할 수 있어요.

4. 내 몸에 대해 감사해요. 발 마사지를 하거나, 촉촉한 피부를 유지하기 위해 보습 로션을 바르며 '감사합니다'하고 속삭여 보세요.

5. 꽃이나 잎, 돌멩이와 같은 자연에 감사하며 책상 위에 올려 두거나, 교실을 꾸며 보세요.

감사하는 삶을 살기 위한 습관

1. 남과 비교하는 습관을 버립니다.

2. 갖지 못한 것에 대해 불평하지 않습니다. 누군가 더 가지고 다른 것을 원하는 것에 대해 대화하려고 하면, 거기서 멈추세요.

3. 감사를 표현하는 간단한 제스처를 만듭니다. 엄지와 검지를 모아 사랑한다는 표현을 하는 것처럼, 감사를 표현하는 손가락 모양이나 몸짓을 만들어, 감사할 때마다 제스처를 합니다.

4. 감사를 하는 습관을 만듭니다.

5. 날마다 시간을 정해 감사해야 할 것을 적어봅니다.

6. 집안 문을 열고 들어갈 때마다, 외출시 일어난 감사할 일을 기억해보세요.

7. 밥을 먹을 때, 감사하는 습관을 가집니다.

오늘 감사해야 할 것을 써보세요.

1. 오늘 아침에

마치며

앞에 나오는 동화와 활동들을 재미있게 해보았나요?

인간이 가장 중요하고 소중하며, 인간이 무엇이든 할 수 있다고 생각하는 현대사회에 숭상은 잘 받아들여지지 않기 때문에 낯설게 느껴질 수도 있있을 거예요.

하지만 인간중심으로 산 결과, 자연 생태계가 파괴되고, 지구 온난화 현상과 같은 지구의 위기가 닥치고 있어요. 인간이 뭐든 할 수 있을 줄 알았는데 코로나와 같은 전염병을 막을 수 없어 많은 사람이 죽고 아팠고요.

그러니 우리에게 숭상하는 마음이 꼭 필요해요. 나를 비롯해서 다른 사람들을 존중하고 겸손한 마음을 갖는다면, 우리를 둘러싼 자연, 삶의 신비에 경외감을 느끼고 감사한다면, 우리의 삶에 신비한 변화가 일어날 거예요.

우리가 이해할 수 없는 어떤 일이 벌어져도, 삶의 신비를 받아들일 수 있게 되어요. 태풍이나 지진과 같이 인간이 관장할 수 없는 자연의 질서를 알 수 있고요. 동식물을 비롯한 자연에 대한 경외감을 느끼고, 자신뿐만 아니라 타인에게도 자연의 질서나 섭리가 있음을 받아들이게 돼요.

숭상하는 마음을 가지고 사는 것이 바로 지혜로운 사람이고 신비한 삶을 사는 방법이에요. 놀랍고 아름다우며 기묘한 삶을 살 수 있고요. 날마다 모험하고, 발견하고, 깜짝 놀라는 삶을 살 수 있어요. 살다가 혹시 어려움과 불안, 상처, 추악한 것을 만나더라도 아름다운 무엇인가로 바꿀 수 있어요. 꼭 그렇게 될 수 있어요.